AF590080

GROUPE FRATERNEL RÉPUBLICAIN

DES

ANCIENS DÉFENSEURS DE LA PATRIE

Approuvé par arrêtés ministériels des 30 juin 1881, 12 décembre 1882 et 11 avril 1888

NOUVEAUX STATUTS

RÉVISÉS PAR L'ASSEMBLÉE GÉNÉRALE EXTRAORDINAIRE DU 7 MAI 1890

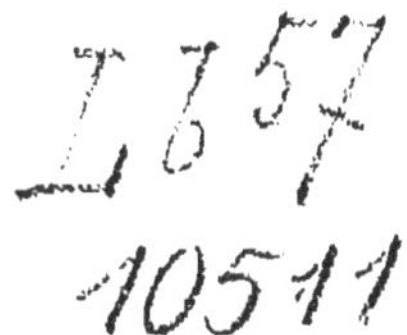

...ser les adhésions et communications de toute nature, ... Eug. FARCY, député de la Seine, officier de la ... d'honneur, président du Groupe Fraternel répu- ... des anciens défenseurs de la Patrie, avenue ...et, 45, Paris.

Art. 61. — Les discussions politiques et religieuses sont *formellement* interdites dans les réunions de la Société.

Art. 11. — En outre du droit d'admission fixé à 3 francs, payable lors de l'inscription, contre la délivrance d'une carte d'identité, une *cotisation mensuelle de 1 franc* payable d'avance, est due par tout membre participant du Groupe Fraternel des anciens défenseurs de la Patrie.

Cette cotisation devra être régulièrement versée, le premier mercredi de chaque mois, à la réunion mensuelle, entre les mains du trésorier qui en délivrera reçu.

Art. 22. — Tout membre radié, ou exclu pour faute disciplinaire sera privé de son diplôme qu'il devra remettre entre les mains du Comité, le jour de sa comparution devant ce Conseil ; en même temps que sa carte d'identité et la médaille.

NOTA. — *Les réunions mensuelles privées du Groupe Fraternel républicain des anciens défenseurs de la Patrie, ont lieu le premier mercredi de chaque mois ; et les réunions du Comité de direction ont lieu le quatrième vendredi de chaque mois, au siège social, 121, boulevard de Sébastopol, café du Centre, à huit heures et demie du soir.*

MINISTÈRE DE L'INTÉRIEUR

[Dir]ection de la Sureté générale

4e BUREAU

AMPLIATION

RÉPUBLIQUE FRANÇAISE

LE MINISTRE DE L'INTÉRIEUR,

Vu la demande formée par le « **Groupe Fraternel républicain des anciens défenseurs de la Patrie** » *ayant son siège à Paris, à l'effet d'obtenir l'autorisation de continuer à fonctionner avec les nouveaux statuts qu'il a adoptés.*

Vu l'arrêté du 11 avril 1888 qui a autorisé cette société.

Vu les modifications statutaires délibérées en Assemblée générale du 7 mai 1890.

Considérant que les nouveaux statuts ne renferment aucune clause contraire à l'ordre public.

Vu l'article 291 du Code pénal.

Vu la loi du 10 avril 1834 sur les associations.

ARRÊTE:

Art. 1er. — *Le Groupe Fraternel républicain des anciens défenseurs de la Patrie, est autorisé à fonctionner avec les nouveaux statuts qu'il a adoptes et dont copie restera ci-annexée.*

Art. 2. — *En cas de modification aux statuts, l'Association devra se pourvoir d'une nouvelle autorisation administrative.*

Fait à Paris, le 28 janvier 1890.

Signé : CONSTANS

POUR AMPLIATION :

Pour le Conseiller d'État, directeur de la sûreté générale,

Le chef du 4e bureau,

Signé : GRUMBACH.

COMITÉ DE DIRECTION

MM.

Président : FARCY (Eugène), député de la Seine, capitaine de frégate, officier de la Légion d'honneur, médaille de Crimée, citations diverses, (campagnes de Madagascar 1849, Crimée, 1854, France, 1870-1871).

Vice-Présidents : GOISSAUD (Auguste), sous-lieutenant au 12e régiment de marche de la garde nationale, (campagnes : Afrique, siège de Paris). — VIALA, ex-sous-officier au 42e de ligne, capitaine au 59e régiment territorial, (campagne de France, 1870-1871).

Porte-Drapeau : Mathieu, 12e régiment de ligne, décoré de la médaille militaire et de la valeur militaire de Sardaigne, médaille de Crimée (37 campagnes, 2 citations).

Porte-Drapeau adjoint : GAYLARD, ex-sous-officier des francs-tireurs de Paris, décoré de la médaille militaire, 3 blessures, 7 mentions (campagne de France, 1870-1871).

Trésorier : DESNIER, ex-sous-officier au 21e bataillon de chasseurs à pied, décoré de la médaille militaire, 3 blessures, citation (campagnes : Afrique, France, 1870-1871).

Trésorier-adjoint : BARRAUX, ex-sous-officier au 4e régiment d'infanterie de marine (campagne du Tonkin, médaille du Tonkin.

Secrétaire :

Secrétaire-adjoint :

Archiviste : GRANDJACQUES, ex-sous-officier au 113e régiment de ligne (campagne de France 1870-1871).

MEMBRES DU COMITÉ

MM.

BOYER, 3e tirailleurs algériens (campagnes : Tunisie et Tonkin, médaille du Tonkin).

GUILLEAUME, ex-sous-officier au 84e bataillon de marche de la garde nationale mobilisée. Siège de Paris, 1870-1871.

GUÉRIN, 3e régiment de zouaves (campagnes : Afrique et siège de Paris.

GALLÉ, ex-sous-officier au régiment d'artillerie de marine (campagne du Tonkin, médaille du Tonkin)

HERBLOT, 5e régiment d'artillerie (campagne de France, 1870-1871).

MARTELOT, 4e bataillon garde nationale mobilisée (campagne de France, 1870-1871).

MENNECHEZ, 2e infanterie légère, ancien garde de Paris et gendarme (campagnes : Afrique et siège de Paris).

MORAND, 32e de ligne (campagnes : Afrique et Italie).

PÉRINNE, 18e régiment d'infanterie de ligne (campagne de Tunisie.

RAVARY, ex-sous-officier au 82e de ligne (campagne d'Allemagne 1870-1871).

ROMAND, ex-sous-officier au 116e de ligne (campagne d'Allemagne, 1870-71. Prisonnier de guerre à la reddition de Metz, 27 octobre 1870.

SARRAZIN, ex-sous-officier au 1er régiment d'artillerie de la garde nationale mobilisée (siège de Paris, 1870-1871).

STROHOFFER (Jean), 19e escadron du train des équipages (campagne d'Afrique).

TIXIER, 72e de ligne, médaille militaire (campagnes : Crimée, Italie ; blessé, amputé).

THIBAUT, 53e régiment de ligne (campagne de France 1870-1871).

DÉLÉGUÉS DU GROUPE FRATERNEL RÉPUBLICAIN

MM

MAGNIN, à Clichy (Seine), 5, rue Hiniziger.
DE MONTLUC, conseiller à la Cour de Douai (Nord).
GUILLEAUME, à Levallois-Perret (Seine), 32, rue Raspail.
LACARRIÈRE, à Lamotte-Beuvron (Loir-et-Cher).
TUFFIER, percepteur, à Noyon-Méon (Maine-et-Loire).
LÉCLUSE, à Saint-Marc, par Brest, (Finistère).
DUBOIS, 46, rue Notre-Dame, à Vitré (Ille-et-Vilaine).
JOURDAN, gardien à la prison d'Angoulême (Charente).
MALFROY, maire, à Bréry (Jura).
GUY, à Bréry (Jura).
BOELTZ, à la Chaux-de-fonds, canton de Neuchâtel (Suisse).
PIÉTRI, à Fribourg (Suisse).
DUMON, à Saïgon (Cochinchine),
BARENGER, à Etrepagny (Eure).
AUGER, à Saint-Raphaël (Var).
STATTE, à Cirey (Meurthe-et-Moselle et Vosges).

Groupe Fraternel républicain des anciens défenseurs de la Patrie

STATUTS

CHAPITRE PREMIER

Formation et but du Groupe

ARTICLE PREMIER. — Il est fondé, à Paris, une Société patriotique républicaine sous la dénomination de : *Groupe Fraternel républicain des anciens défenseurs de la Patrie,* dont le siège social est à Paris, 121, boulevard de Sébastopol (Café du Centre).

ART. 2. — Cette Société a pour but :

1° D'entretenir parmi les anciens militaires de tous grades et de toutes armes, des rapports d'amitié et de véritable fraternité républicaine ;

2° De perpétuer le souvenir de leurs vaillants frères d'armes qui ont succombé pour la défense de la Patrie, en célébrant les anniversaires des combats rappelant leur mémoire, et en s'associant à toutes démonstrations patriotiques et républicaines ;

3° Enfin de s'intéresser aux questions susceptibles d'assurer la grandeur et la force de notre armée, ainsi que la sauvegarde de notre territoire et des institutions républicaines, par l'organisation de conférences militaires, scientifiques ou autres ;

4° De faciliter et de recommander les demandes d'emploi ou de travail faites par des membres du

Groupe qui en seraient dépourvus, et de les assister par conseils et appuis ;

5° De fonder une Caisse de retraites mutuelles en faveur des anciens militaires, membres participants du Groupe ;

6° D'assurer la présence d'une députation du Groupe aux obsèques de chacun des membres de la Société.

CHAPITRE II

Composition du Groupe Fraternel

ART. 3. — Le Groupe Fraternel est composé :

1° De membres fondateurs,
2° De membres honoraires,
3° De membres participants.

ART. 4. — Les membres fondateurs sont ceux qui ont apporté un concours actif à la création du Groupe Fraternel et ceux qui ont fait partie de l'Assemblée générale d'avril 1888.

ART. 5. — Les membres honoraires sont ceux sous le patronage desquels est placé le Groupe Fraternel ou qui contribuent à sa prospérité par dons et appuis ; ils sont nommés par le Comité de Direction sur la proposition des membres participants et acceptés en assemblée générale.

ART. 6. — Les membres participants sont ceux qui, après avoir produit la justification de leurs services militaires et souscrit l'engagement de se conformer aux présents Statuts, auront été admis par le Comité de direction et par l'Assemblée générale.

CHAPITRE III

Conditions d'admission

Art. 7. — Les anciens militaires des armées de terre et de mer, munis de leur certificat de bonne conduite et de leur dernière carte électorale, sans distinction de corps ni de grades, pourront être admis à faire partie du Groupe Fraternel.

Art. 8. — Les demandes d'admission devront être adressées au Président, et comporteront la justification des services militaires, ainsi que l'engagement formel de se conformer aux présents statuts.

Art. 9. — Les admissions sont prononcées par le Comité de direction, à la majorité absolue de ses membres, et ratifiées par la plus prochaine Assemblée générale.

CHAPITRE IV

Obligations des membres du Groupe

Art. 10. — Tous les membres du Groupe sont tenus de communiquer la nature des emplois qui seront à leur connaissance, avec l'indication des conditions à remplir. Un registre sera tenu spécialement à cet effet.

Art. 11. — Ils s'engagent en outre à verser :

1° Un droit d'admission fixé à 3 francs, payable lors de l'inscription contre la délivrance d'une carte d'identité ;

2° Une cotisation mensuelle de 1 franc payable d'avance, cette cotisation devra être régulièrement versée le premier mercredi de chaque mois, à la réunion mensuelle, entre les mains du Trésorier qui en délivrera reçu.

DES AMENDES

Art. 12. — Tout membre qui n'aura pas fait connaître son changement de domicile, ne se sera pas acquitté régulièrement d'une mission pour laquelle il aura été désigné, aura manqué un service commandé pour les funérailles d'un camarade, ou se sera abstenu sans motif légitime d'assister aux Assemblées générales et sorties patriotiques subira, à moins d'excuses motivées, une amende de 1 franc.

Art. 13. – Le Secrétaire devra remettre au Trésorier la liste des sociétaires ainsi amendés, qui ne pourront opérer aucun versement avant d'avoir acquitté cette amende.

Art. 14. — La correspondance, les demandes et communications de toute nature, devront être adressées au domicile du Président qui en donnera connaissance au Comité.

CHAPITRE V

Obligation du Groupe Fraternel envers ses membres

EMPLOIS

Art. 15. — Les demandes et offres d'emplois devront être adressées au Secrétaire du Groupe qui les consignera sur un registre spécial.

Art. 16. — Il ne pourra être recommandé pour les occuper que des membres du Groupe, et ayant rempli toutes les conditions prescrites par les Statuts.

Art. 17. — Les membres proposés pour ces emplois devront produire les références nécessaires et faire connaître au Comité, sans aucun retard, s'ils ont été acceptés.

DÉCÈS

Art. 18. — Lors du décès d'un membre quelconque du Groupe Fraternel, la famille en informera sans retard le Secrétaire qui fera convoquer, par cartes spéciales revêtues du cachet du Groupe, une députation de cinquante membres pour assister aux obsèques.

Art. 19. — Les membres de cette délégation, porteurs de leurs insignes, seront désignés par tour de roulement, et placés sous la conduite d'un membre du Comité de direction, lequel devra adresser un rapport au Président.

Art. 20. — La liberté de conscience sera scrupuleusement observée, et aucun membre ne sera astreint d'assister au service religieux s'il ne le juge pas compatible avec ses convictions personnelles ; mais il devra assister à la levée du corps et à la conduite au cimetière.

Art. 21. — Tout membre qui se sera abstenu sans excuse et motif dûment établis de se joindre à la délégation désignée pour les funérailles, subira un blâme et une amende de 1 franc.

CHAPITRE VI

Démissions et radiations

Art. 22. — Tout membre qui n'aura pas payé sa cotisation depuis trois mois, sans motif justifié et après une mise en demeure régulièrement adressée, sera considéré comme démissionnaire.

Art. 23. — L'exclusion pourra être prononcée par le Comité de direction, savoir :

1° Pour condamnation afflictive ou infamante ;

2° Pour conduite scandaleuse, ivresse publique, acte d'indélicatesse ;

3° Pour fausse déclaration sur l'identité, substitution de cartes ou lettres, pour avoir facilité l'introduction dans le Groupe d'une personne étrangère ou d'un membre exclu ;

4° Pour fausse accusation contre un membre quelconque de la Société ;

5° Pour atteinte portée à la considération et à la dignité du Groupe ou du Comité, par actes ou propos dûment établis ;

6° Pour participation à toute manifestation ou société d'un caractère hostile aux institutions républicaines.

Art. 24. — Tout membre susceptible d'une mesure d'exclusion sera invité à se présenter devant le Comité de direction pour être entendu sur les faits qui lui seront imputés, et remettre le diplôme et la médaille qui, en aucun cas, ne devront rester entre ses mains, quand la radiation ou l'exclusion seront prononcées.

En cas de non-comparution, l'exclusion sera prononcée, mais elle ne sera définitive qu'après avoir été sanctionnée par la plus prochaine Assemblée générale.

Art. 25. — La démission comme la radiation et l'exclusion ne donnent droit à aucun remboursement des sommes versées, qui restent acquises au Groupe.

Art. 26. — Les membres démissionnaires qui solliciteraient leur réintégration et seraient admis par le Comité de direction, devront payer un nouveau droit d'admission et prendront date au moment de leur nouvelle immatriculation.

CHAPITRE VII

Anniversaires et démonstrations patriotiques

Art. 27. — Tous les membres participants porteurs de la médaille du Groupe Fraternel, des décorations et médailles du gouvernement et de celles autorisées par la chancellerie, seront également convoqués à l'occasion des anniversaires ou démonstrations patriotiques; une députation officielle de cinquante membres au moins sera désignée par tour d'inscription pour y escorter le drapeau du Groupe.

Quand l'actif de la Société le permettra, les demi-frais de voyage de la délégation officielle seront payés par le Trésorier.

Art. 28. — Tous les membres sont tenus de se conformer aux dispositions prises par le Comité de direction et devront contribuer à assurer le bon ordre et la discipline dans toutes les circonstances où le Groupe sera représenté.

Art. 29. — Tout membre désigné pour faire partie de la députation officielle, qui ne se rendrait pas à la convocation, sans motif justifié ou ne serait pas porteur de la médaille du Groupe, sera passible d'une amende de 1 franc.

CHAPITRE VIII

Pensions de retraite

Art. 30. — Une caisse, dite caisse de retraites mutuelles est constituée au Groupe Fraternel.

Cette caisse sera alimentée :

1° Par la moitié des cotisations mensuelles perçues dans le Groupe Fraternel ;

2° Par les donations faites avec affectation spéciale ;

3° Par les bénéfices résultant des concerts, bals et fêtes de bienfaisance.

Art. 31. — Les intérêts provenant des capitaux versés à la caisse des retraites, seront partagés entre tous les sociétaires retraités, et ce deux fois par an, janvier et juillet.

Art. 32. — Les sommes placées à la caisse des retraites ne devront, sous aucun prétexte, être retirées. S'il y a dissolution du Groupe Fraternel, le capital sera placé de manière à ce que l'intérêt soit servi et partagé tous les ans entre les sociétaires retraités.

Art. 33. — Si le Groupe vient à se dissoudre, les sociétaires retraités continueront à toucher l'intérêt de l'argent placé à la caisse des retraites ; et au décès de tous les sociétaires retraités le capital sera distribué entre les membres du Groupe présents au moment de la dissolution.

Art. 34. — Chaque membre du Groupe sera tenu de verser en sus de sa cotisation mensuelle une somme de 50 centimes par an et par sociétaire retraité. Cette perception sera faite par les soins du Trésorier en janvier et en juillet de chaque année, époque où le semestre sera servi à chaque membre en retraite. Le montant de cette capitation sera versé immédiatement aux ayants droit.

Art. 35. — Le maximum de la retraite à fournir à chacun des membres y ayant droit sera de cent cinquante francs (150 francs) par an.

Une Assemblée générale extraordinaire sera convoquée et la majorité des deux tiers des membres présents sera nécessaire pour augmenter cette somme.

Le vote sera secret.

Art. 36. — Pour avoir droit à la pension de retraite, le sociétaire doit avoir au moins cinquante-cinq ans d'âge, et faire partie du Groupe depuis dix ans, avoir toujours régulièrement payé la cotisation, capitation et amendes et enfin, s'être toujours conformé aux présents Statuts.

En cas de blessures donnant une incapacité de travail, le sociétaire pourra demander la retraite à cinquante ans, s'il a dix ans de présence au Groupe.

Les années de présence comptent à partir de 1887. pour les membres ayant payé depuis cette époque.

Art. 37. — Une Commission de surveillance composée de trois membres pris parmi les membres participants sera nommée en Assemblée générale. Cette Commission sera chargée du contrôle des fonds de la caisse de retraite, elle devra se réunir une fois par mois et faire un rapport qu'elle enverra au Président.

CHAPITRE IX

Caisse de frais généraux

Art. 38. — Une caisse dite des frais généraux est constituée au Groupe Fraternel. Dans cette caisse seront versées les espèces en caisse au moment de l'acceptation des présents Statuts.

Elle sera alimentée :

1° Par la moitié de la cotisation versée par les membres du Groupe, soit 0 fr. 50 centimes par mois et les 3 francs d'admission ;

2° Par les dons faits sans affectation spéciale ;

3° Par les sommes versées par les membres honoraires dont la cotisation annuelle est fixée à 6 francs ou 50 francs une fois donnés ;

4° Par le produit des amendes ;

5° Par le produit de la vente des médailles.

Tous les frais sans exception seront payés par cette caisse.

Art. 39. — A la première réunion générale annuelle, l'excédent de la caisse des frais généraux sera porté au compte de réserve et les espèces converties en fonds de villes ou obligations à lots.

Art. 40. — En cas d'urgence, le Comité de direction pourra autoriser le Trésorier à retirer du compte de réserve une somme déterminée et à la verser à la caisse des frais généraux.

CHAPITRE X

Drapeaux, Insignes et Décorations, Costume

Art. 41. — Une médaille d'argent portative avec bélière à trophée et ruban à raies verticales vertes, bleues, blanches et rouges, ainsi qu'un diplôme seront délivrés aux membres participants et honoraires contre une somme de 12 francs pour la médaille [1].

Cette médaille ne peut être portée en dehors des réunions de la Société, et le ruban ne pourra jamais être porté sans la médaille.

Art. 42. — Il est absolument interdit aux membres du Groupe Fraternel de porter des décorations autres que celle de la Société et celles reconnues par le Gouvernement et la Chancellerie.

[1] Le diplôme du prix de 0 fr. 50 ainsi que la médaille ne seront remis au sociétaire que lorsqu'il aura payé régulièrement ses cotisations pendant un semestre, ou versé d'avance six cotisations.

COSTUME

Art. 43. — Le Costume consiste en une vareuse de drap bleu marine, avec galon en or, genre territoriale, et une étoile en or, de chaque côté du collet.

La casquette en drap de même couleur, type dit *amiral*, avec jugulaire en cuir et trophée en or sur le devant.

Le Président portera à la casquette et aux parements des manches de la vareuse trois soutaches circulaires en or.

Les Vice-Présidents, deux soutaches en or.

Les Secrétaires, les Trésoriers et l'Archiviste une soutache en argent.

Et les autres membres du Comité de direction : une soutache en or également circulaire, portée de même à la casquette et aux parements des manches de la vareuse.

Tous les membres du Groupe devront être munis de la vareuse et de la casquette dans les six mois qui suivront leur admission.

Art. 44. — Le drapeau sera déposé chez le Président et confié à sa sauvegarde, il en est responsable, sauf en cas d'incendie ou de sinistre imprévu.

Ce drapeau devra différer du modèle en usage dans l'armée.

Art. 45. — Le drapeau ne pourra être associé à aucune démonstration politique ou religieuse.

Art. 46. — A chaque sortie de drapeau, le porte-drapeau du Groupe Fraternel et une garde d'honneur désignée par le Comité parmi les anciens militaires décorés ou médaillés, seront chargés de se conformer aux dispositions prises et d'en assurer l'exécution de concert avec les Commissaires spéciaux.

CHAPITRE XI

Dons volontaires

ART. 47. — Le Groupe Fraternel pourra recevoir des dons volontaires de ses membres honoraires ou participants ainsi que des personnes étrangères.

ART. 48. — Ces dons feront l'objet d'un rapport spécial qui sera présenté à l'Assemblée générale.

CHAPITRE XII

Administration du Groupe Fraternel

ART. 49. — L'administration du Groupe Fraternel est confiée à un Comité de direction de vingt-trois membres, savoir :

Un Président,
Deux Vice-Présidents,
Un Administrateur de la caisse de retraite.
Un Porte-Drapeau,
Un Porte-Drapeau adjoint,
Un Trésorier,
Un Trésorier-adjoint,
Un Secrétaire,
Un Secrétaire-adjoint,
Un Maître de cérémonies,
Un Archiviste (les archives restant au domicile du Président),
Onze membres du Comité.

ART. 50. — Les membres de ce Comité sont nommés pour un an et rééligibles.

Nul ne peut être membre de ce Comité non plus que de la Société s'il ne jouit pas de ses droits civiques et civils.

Art. 51. — L'Assemblée générale électorale sera précédée d'une réunion préparatoire spéciale, à l'effet de présenter et examiner les candidatures. Tous les candidats devront être présents à cette réunion, sauf le cas de force majeure.

Cette Assemblée préparatoire devra avoir lieu quinze jours au moins avant l'Assemblée générale.

Art. 52. — Un règlement administratif, élaboré par le Comité, définira les attributions de chacun de ses membres.

Art. 53. — Les membres du Comité de direction se réuniront mensuellement sur la convocation du Président qui pourra, en cas d'urgence, les convoquer exceptionnellement.

Art. 54. — Dans le cas où, pour une cause quelconque, un des membres du Comité viendrait à cesser ses fonctions, ou s'abstiendrait d'assister aux réunions mensuelles pendant le cours d'un trimestre sans s'être fait excuser valablement; il sera procédé à son remplacement lors de la plus prochaine Assemblée générale.

Art. 55. — Toutes les délibérations du Comité doivent être prises à la majorité absolue des membres composant le Comité, et elles devront rester secrètes sous peine d'exclusion.

Art. 56. — En cas de partage, la voix du Président ou de son suppléant est prépondérante.

Art. 57. — En l'absence du Président, les réunions sont présidées par l'un des Vice-Présidents et à son défaut, par le plus âgé des membres du Comité de direction assistant à la séance.

Il sera dressé un procès-verbal des séances du Comité, le procès-verbal sera signé par tous les membres ayant pris part aux délibcrations.

Art. 58. — Le Trésorier demeure personnellement resposable des fonds qui lui sont confiés ; au-dessus de 200 francs, les fonds devront être placés, soit en rentes sur l'Etat, soit dans une caisse placée sous le contrôle de l'Etat.

Art. 59. — Tous les mois, le Trésorier devra rendre compte, en séance du Comité de direction de l'état de la caisse. Il devra produire les pièces comptables pouvant permettre le contrôle et la vérification des recettes et des dépenses effectuées, ainsi que les fonds disponibles. Les comptes, après vérification, devront être approuvés par cinq membres du Comité de direction présents à la séance.

Tous les ans, à l'Assemblée générale du mois de janvier, il sera remis à chaque membre participant un état imprimé donnant le détail des recettes et des dépenses de la caisse des frais généraux et une situation de la Caisse des retraites et du compte de réserve ; ainsi que la liste avec noms et adresses des membres du Groupe. Tous les articles de recettes et dépenses devront toujours être indiqués dans le même ordre et d'après un modèle uniforme.

Le Président adresse, à la fin de chaque année à l'autorité compétente, le compte-rendu moral et financier de la Société ainsi que la liste des membres. Il réunit chaque mois à son domicile particulier les membres du bureau pour discuter les affaires du Groupe, classer les archives et constater la situation financière.

Art. 60. — Le Comité de direction seul a l'emploi des fonds. En conséquence, le Président ou le Trésorier ne pourront ordonnancer aucune somme, ni faire aucune dépense, sans une autorisation du Comité de direction consignée au procès-verbal.

CHAPITRE XIII

Assemblées générales

Art. 61. — Les membres participants sont convoqués en Assemblée générale dans la première quinzaine de chaque trimestre, pour recevoir communication de la situation du Groupe Fraternel, et se prononcer sur les questions ou propositions qui leur seront soumises par le Comité de direction.

Les discussions politiques ou religieuses sont formellement interdites dans les réunions de la Société.

Les dames ne sont pas admises dans les Assemblées générales.

Art. 62. — Le Président après avis conforme du Comité, devra en outre, convoquer exceptionnellement l'Assemblée générale en cas d'urgence ou sur une demande motivée formulée par un quart au moins des membres participants.

Art. 63. — L'ordre du jour des Assemblées générales est fixé par le Comité de direction et ne pourra comporter que les questions qui lui auront été soumises quinze jours au moins avant l'expiration du semestre.

Art. 64. — La présidence et la police de ces réunions sont exercées par le Président du Groupe ou à défaut par l'un des Vice-Présidents, assisté des membres du Comité de direction [1].

[1] Deux ou quatre membres, suivant l'importance de la réunion, seront désignés d'avance comme commissaires pour faire respecter les décisions du bureau et assurer le bon ordre.

CHAPITRE XIV

Modifications aux Statuts

Art. 65. — Il ne pourra être apporté de modifications aux présents Statuts qu'en vertu de décisions prises en Assemblée générale.

Ces décisions devront être prises sur la proposition du Comité saisi au moins un mois à l'avance, et devront être provoquées par vingt-cinq membres au moins et votées par l'Assemblée générale, à la majorité des deux tiers des membres présents.

L'Assemblée générale ne pourra prendre des décisions que si elle est composée d'un quart au moins des membres participants.

Art. 66. — En cas de modifications statutaires, la Société devra se pourvoir à nouveau de l'autorisation exigée par l'article 291 du Code pénal.

CHAPITRE XV

Dissolution

Art. 67. — Le Groupe Fraternel ne peut se dissoudre de lui-même qu'en cas d'insuffisance constatée des ressources.

La dissolution ne peut être prononcée qu'en Assemblée générale spécialement convoquée à cet effet, et par un nombre de voix égal aux deux tiers des membres participants.

Art. 68. — En cas de dissolution du Groupe, la liquidation des fonds composant l'actif, en dehors de la caisse des retraites, sera effectuée par les soins du

Comité de direction, à moins que l'Assemblée générale n'en décide autrement [1].

Art. 69. — En cas de contestations graves entre le Président et le Comité de direction et la majorité des membres composant le Groupe Fraternel, le différend sera tranché par un arbitrage amiable.

Les arbitres seront, le Président d'honneur du Groupe, l'avocat du Groupe et quatre membres d'honneur dont deux seront choisis par le Président effectif ou le Comité de direction et les deux autres par la majorité adverse. En cas de partage égal des voix, la voix du Président d'honneur sera prépondérante.

[1] Voir les articles 30, 31, 32, 33 et suivants.

Vu et approuvé par le Président du Groupe Fraternel républicain des anciens défenseurs de la Patrie.

Paris, le 20 mai 1890.

Signé : Eug. FARCY.

45, Avenue Bosquet.

Vu pour être annexé à l'arrêté du 28 juin 1890.

Le Ministre de l'Intérieur,

Pour le Ministre et par délégation, pour le Conseiller d'État, directeur de la Sûreté générale,

Le chef du 4e bureau,

Signé : GRUMBACH.

ANGERS, IMPRIMERIE LACHÈSE ET DOLBEAU.

www.ingramcontent.com/pod-product-compliance
Ingram Content Group UK Ltd.
Pitfield, Milton Keynes, MK11 3LW, UK
UKHW012131240726
13965UKWH00005B/2114